La Matriz *de la oración*

La conexión con la realidad invisible

David Jeremiah

Editorial Unilit

Publicado por
Editorial Unilit
Miami, Fl. 33172

Primera edición 2004

Originalmente publicado en inglés con el título:
The Prayer Matrix por David Jeremiah.
Publicado por Multnomah Publishers, Inc.
204 W. Adams Avenue, P. O. Box 1720
Sisters, Oregon 97759 USA

Traducido al español por: Dr. Andrés Carrodeguas

Producto 495370
ISBN 0-7899-1259-7
Impreso en Colombia
Printed in Colombia

Contenido

INTRODUCCIÓN

EL MAYOR DE NUESTROS DONES

¿Cuál es el más maravilloso de los dones que encontramos en ese gran saco de bendiciones que tiene Dios para nosotros aquí en la tierra?

Yo creo haber descubierto que la mayor de todas nuestras bendiciones es la oración. Pienso que cada uno de nosotros tiene un gigantesco potencial para Dios por medio del ministerio de la oración. Es algo que todos los creyentes podemos alcanzar, quienesquiera que seamos y cualesquiera que sean las circunstancias de nuestra vida. Estoy hablando de algo maravilloso, llego de gozo e indescriptible. Es algo que Dios concibió para bendecirnos más allá de cuanto nos podríamos imaginar. Y sin embargo, se halla fácilmente a nuestro alcance como una emocionante aventura cotidiana.

No obstante, le tengo que confesar que la oración puede convertirse en mi labor más dura, y sospecho que hay momentos en que usted también se siente así. Hasta los discípulos que vivieron y caminaron con Jesús deben haber pasado por muchas de las mismas frustraciones que hemos pasado usted y yo con la oración. Si no, ¿por qué se le iban a acercar a su Maestro un día para preguntarle: «Señor, por favor, enséñanos a orar»?

¿POR QUÉ TANTA LUCHA?

¿Por qué es tan difícil la oración con tanta frecuencia? Y, ¿por qué necesitamos mucha disciplina para ser constantes en la oración?

Cuando comencé una batalla contra el cáncer hace algunos años, aprendí algo acerca de la oración, y no conozco manera mejor de decirlo que esta: Hay oración, y hay *oración*. Cuando las cosas van bien en la vida oramos de una forma; cuando estamos en momentos difíciles oramos de otra. Nuestras súplicas se vuelven más intensas y nos hallamos clamando ante Dios.

Creo que Dios quiere que oremos de esa manera tan ardiente todo el tiempo, tanto en los días buenos como en los malos. No obstante, ese tipo de oración no se nos presenta de manera natural todo el tiempo. Aquí es donde entra la disciplina, y por eso es tan bueno que recordemos el valor que tiene la oración. Tengo la esperanza de que este libro le pueda dar ánimo de alguna forma, transmitiéndole lo que yo he aprendido al respecto.

HACIA UNA PROFUNDIDAD MAYOR

Este libro es consecuencia directa de mis experiencias a lo largo de los últimos años. Dios me ha enseñado más de cuanto pueda expresar acerca de la oración personal, particular y perseverante.

Sé que Él ha tenido el control de las circunstancias que me han estado acercando a Él de una manera cada vez más profunda. Más que nunca, sé que lo necesito, que soy un niño en mi relación con Él y que Él es mi Padre. Sí sé que pienso en Dios más que antes que el cáncer entrara en mi vida. Sé que me he vuelto más sensible a su voluntad y a la santidad en mi vida. Y sé que he descubierto una dimensión de la oración que no me había dado cuenta siquiera de que existía.

He descubierto una dimensión de la oración que no me había dado cuenta siquiera de que existía.

Pero no escribo este libro como si fuera un experto en la oración; no soy nada más que otro aprendiz, como usted. Es más, me siento como un niño cuando se trata de esta disciplina santa, y alabo al Señor y le doy gracias por su paciencia conmigo.

Tengo la profunda esperanza de que este libro pueda servir como trampolín para lanzar aunque sea a unos pocos hijos de Dios a una profundidad mayor en su oración. He orado para que sean muchos los que lean este libro y capten el mismo espíritu de emoción que siento yo acerca de este tema, porque estoy convencido de que mientras no seamos serios en cuanto a la oración, no conoceremos ni la mitad de lo que el Señor quiere para nuestra vida.

Capítulo 1

Para el que lo pida

En una ocasión en que viajaba con mi esposa y habíamos salido a cenar con unos amigos, sonó mi teléfono celular en medio de la cena. Respondí, y era nuestro nieto David Todd, que tenía cuatro años en aquellos tiempos.

«Abuelito», me dijo, «¿dónde están?»

Yo le dije dónde estábamos.

«Abuelito», me dijo, «¿podrías traer a casa la revista de artículos para la venta que hay en el avión?»

Ahora bien, no era eso exactamente lo que había estado esperando que me pidiera. Pero en aquellos momentos, David Todd parecía tener gran interés en esa revista.

Más tarde descubrí (cuando su padre se puso al teléfono), que en un largo viaje de avión de vuelta a casa con su madre, mi nieto había descubierto en el bolsillo del respaldo del avión esa pequeña revista que tenía fotos de una gran cantidad de productos maravillosos e interesantes. (Me parece que heredó unos cuantos de los genes de compradora que tiene su abuela). Comenzó a hojear la revista y a mirar todas aquellas cosas, y le emocionó saber que cuando se acabara el vuelo se podía llevar consigo la revista para su casa.

Sin embargo, se durmió durante el vuelo y cuando aterrizó el avión y ellos desembarcaron, se le olvidó la revista. Cuando se acordó era demasiado tarde, y se sintió muy desilusionado.

Así que le prometí a mi nieto que le llevaría un ejemplar de esa revista cuando volviéramos a casa. Él me la había pedido, y eso era todo lo que tenía que hacer. ¿Por qué? Porque es mi nieto, y todo lo que me pida, siempre que yo pueda y no le haga daño, lo pienso hacer.

Él me la había pedido, y eso era todo lo que tenía que hacer.

En estos últimos años he aprendido que ese es exactamente el punto de vista de Dios con respecto a nosotros cuando le presentamos nuestras peticiones. Pero no es esta la perspectiva que he tenido siempre acerca de este asunto.

¿VENCER LA AVERSIÓN DE DIOS?

Antes de entrar por vez primera al hospital hace años para un tratamiento de cáncer, en el fondo de la mente tenía la idea de que orar consistía en vencer la aversión de Dios a hacer algo por nosotros. Tal vez solo se tratara de mi falta de atención anterior a la Palabra de Dios, o a quienes la enseñaban, pero por alguna razón, esta era mi actitud básica al respecto.

No quiero decir que este pensamiento estuviera siempre consciente en mi mente cada vez que oraba. Tampoco estoy diciendo que ya no creía que debamos practicar la importunidad y la perseverancia en nuestra forma de orar.

Sin embargo, he modificado un poco mi forma de pensar acerca de todo esto, y lo que he aprendido ha cambiado mi vida. He descubierto que Dios no arrastra los pies cuando se trata de proporcionarnos lo que necesitamos. Él no está en el cielo calculando si hemos hecho todo perfectamente bien para poder a su vez hacer algo bueno por nosotros. En lugar de esto, está esperando, y más que deseoso de proporcionarnos todo lo que nos haga falta.

Mientras Él vela sobre usted y sobre mí, no creo que esté sentado en el cielo pensando: *Si me lo pide la cantidad suficiente de veces, se lo voy a conceder.* Más bien pienso que está en el cielo preguntándose básicamente porque no le pedimos con mayor frecuencia.

Entonces, ¿de dónde sacamos esa idea de que orar consiste en vencer la aversión de Dios? ¿Por qué tenemos tendencia a pensar que tenemos que ponernos a golpear con fuerza la puerta de su obstinación?

La Biblia no enseña ese punto de vista. Es más, enseña lo diametralmente opuesto acerca de Dios: Él «da a todos abundantemente y sin reproche» (Santiago 1:5). Cuando estamos necesitados, no es porque Dios sienta aversión a ponerse a satisfacer esas necesidades, sino porque somos nosotros los que sentimos aversión a pedir: «No tenéis lo que deseáis, porque no pedís» (Santiago 4:2).

Si le pedimos a Dios algo que es bueno, y Él ve que es bueno para nosotros, nos lo da, y así podemos afirmar gozosos junto con Santiago: «Toda buena dádiva y todo don perfecto desciende de lo alto, del Padre de las luces» (Santiago 1:17).

Sin embargo, muchas veces no recibimos esos dones buenos y perfectos que Dios tiene tantos deseos de darnos, sencillamente porque no se los pedimos.

UNA PUERTA ABIERTA

En los cielos hay un Dios que me ama más de cuanto yo pueda llegar a saber jamás, y que solo está esperando a que yo acuda a Él con las necesidades y las peticiones que tengo en el corazón. Y recuerdo esto de manera especial cada vez que leo las maravillosas palabras de Jesús acerca de la oración en Mateo 7.

Aparecen cerca del final de su Sermón del Monte. ¿Recuerda lo que dijo Jesús allí acerca de pedir, buscar y llamar?

> Pedid, y se os dará; buscad, y hallaréis; llamad, y se os abrirá. Porque todo aquel que pide, recibe; y el que busca, halla; y al que llama, se le abrirá.

> ¿Qué hombre hay de vosotros, que si su hijo le pide pan, le dará una piedra? ¿O si le pide un pescado, le dará una serpiente? Pues si vosotros, siendo malos, sabéis dar buenas dádivas a vuestros hijos, ¿cuánto más vuestro Padre que está en los cielos dará buenas cosas a los que le pidan?
>
> MATEO 7:7-11

Es muy probable que haya leído antes esas palabras. Ahora bien, ¿hasta qué punto ha llegado a comprender que el Dios todopoderoso, que es su Padre lleno de amor, está esperando ansioso para darle todo lo que necesita y le pide? Básicamente, lo que nos ha dado es una puerta abierta a su omnipotente presencia y a su infinito depósito de riquezas y bendiciones, porque Él «es poderoso para hacer todas las cosas mucho más abundantemente de lo que pedimos» (Efesios 3:20).

LA ATRACCIÓN

En este pasaje de Mateo, estos tres pequeños verbos que son *pedir*, *buscar* y *llamar*, se encuentran en el modo imperativo. Son órdenes del Señor Jesús. Él no nos dijo: «Si tienen ganas de pedir, pidan». Tampoco dijo: «Si les parece, ¿por qué no buscan?» O bien: «Si se sienten con deseos, les sugiero que prueben a llamar». No, Jesús nos dijo: «Esto es lo que les ordeno: Pidan, busquen y llamen. Si me quieren ver actuar a su favor, entonces así es como las cosas funcionan. El requisito que les pongo es que *pidan*». Todo lo que necesitemos se lo debemos pedir, y cuando no lo hacemos, estamos desobedeciéndolo.

Es posible que piense algunas veces: Tal vez no debería estar desperdiciando el tiempo de Dios a base de hablarle de mis problemitas. O bien: No me siento con derecho a pedirle nada, sabiendo la clase de persona que soy y sabiendo quién es Él. Pero la realidad es que el Señor le ha ordenado que le pida. Cualesquiera que sean sus problemas o sus necesidades; cualesquiera que sean las dificultades por las que está pasando, si no le ha pedido a Dios con respecto a ellas, está desobedeciendo.

Jesús quiere atraernos a la oración.

Ahora bien, esto es mucho más que una cuestión de obediencia o desobediencia. Nuestro Padre que está en los cielos *quiere* oírlo expresándole todas las cosas que quiere y necesita de verdad.

Al leer las palabras de Jesús en ese pasaje, no puedo olfatear ni una partícula de culpa en ninguna parte del pasaje (a diferencia de algunos de los libros que he leído sobre el tema de la oración, que parecen ser poco más que diatribas repletas de acusaciones sobre por qué no oramos y por qué debemos orar más). Jesús no quiere empujarnos a orar; lo que quiere es atraernos a la oración.

Es casi como si dijera: «Ven, participa en mi banquete que es gratuito. ¿Ves todos esos panes recién horneados en esa inmensa pila que hay en una de las mesas? Son para ti. ¿Hueles el delicioso aroma de la carne asada, la dulce fragancia de la pastelería, las tartas y los pasteles, la sana fragancia de los vegetales y frutas frescos? ¡Todo eso es para ti! Te he provisto todo lo que necesitas. Tengo suficiente para todos, y no hay por qué temer que se me va a acabar nada. Te estoy invitando a mi banquete y te tengo reservado tu puesto en la mesa. Todo lo que te exijo es que le *pidas* a mi Padre que te dé lo que necesitas. ¡Eso es todo! Es lo único que falta».

CONTINÚE

Estos tres pequeños verbos de Mateo 7:7, no solo están en imperativo, sino que en su tiempo gramatical original en griego, representan una especie de acción continua relacionada con ellos. Jesús está diciendo que *continúe* pidiendo, que *continúe* buscando y que *continúe* llamando. No se detenga nunca; sígalo haciendo. Siempre, cualquiera que sea su necesidad, pida.

En esto, podríamos aprender mucho de los niños, ¿no le parece? Recuerdo haber oído un relato acerca de un niño pequeño que estaba en casa con su padre, y su madre iba a estar fuera toda la noche. El padre (que no estaba familiarizado como la madre con la rutina de acostar al niño) estaba tratando de hacer que se durmiera. Poco después de arroparlo en su cama para que pasara la noche, el padre estaba leyendo el periódico cuando oyó una vocecita que lo llamaba desde la habitación: «¿Papá? Necesito tomar agua».

El padre subió y le llevó un vaso de agua, y por supuesto, poco después el niño lo llamó para decirle que tenía que ir al baño. Una y otra vez lo siguió llamando para que subiera e hiciera esto o aquello: encontrar el osito de peluche extraviado, encender una veladora o cerrar la puerta de un armario.

Por último, el padre, ya exasperado, llegó al límite de su paciencia. «Se acabó, jovencito. Todo está bien, así que cállate. Si oigo otro sonido más, voy a subir para darte un par de nalgadas».

Hubo silencio durante un instante. Entonces, se oyó de nuevo la vocecita en el piso bajo: «Papá, cuando subas para darme las nalgadas, ¿me podrías traer otro vaso de agua?».

Así son los niños. Nunca se dan por vencidos. Por muchas veces que les digamos que no, ellos van a seguir con la misma. Van a seguir pidiendo. Piden y piden y piden.

¡PIDA, BUSQUE, LLAME!

Estos mandatos que aparecen en Mateo 7:7 se presentan en una especie de progresión, en la cual cada uno de ellos es más intenso que el anterior. *Pedir* ya es fuerte, pero *buscar* es más fuerte, y *llamar* es más intenso aún. Algunas veces, Dios quiere que oremos de una manera ardiente cuando le estamos pidiendo algo.

Con todo, la fuerza básica de este pasaje se limita sencillamente al hecho de que tenemos que *pedir*. Y para que no pasemos por alto la importancia de esto, Jesús usa esa palabra un total de cinco veces en este breve pasaje acerca de la oración.

Recuerde: *pedir, buscar* y *llamar*. Tan sencillo, que es fácil de comprender, hasta para un niño. Tan sencillo como esto: ¡Hay que pedir!

Los niños nunca se dan por vencidos. Siguen con la misma. Siguen pidiendo. Piden y piden y piden.

DÓNDE ACUDIR PRIMERO

Muchas veces se me acercan personas en mi condición de pastor para pedirme consejo sobre alguna oportunidad, decisión o dificultad que se les haya presentado. Algunas veces les digo: «¿Se lo ha preguntado a Dios?». Y lo más frecuente es que me responda: «Pues… no, creo que no lo he hecho».

Permítame decirle que preguntarle a Dios acerca de esas cosas es siempre el mejor punto de partida, cualquiera que sea la cuestión o la oportunidad que usted tenga delante. Es necesario que acudamos a Él en primer lugar, y no en último. ¿Por qué se le va a ocurrir a nadie acudir a David Jeremiah antes de acudir al Creador del universo? Dios tiene mundos enteros en el bolsillo trasero; comparado con esto, ¿qué tengo yo?

«Oramos cuando no nos queda otro recurso», escribe Oswald Chambers en *Prayer: A Holy Occupation*, «pero Jesús quiere que oremos antes de hacer ninguna otra cosa».

Así que pídale a su Padre celestial aquello de lo que tenga necesidad. Pídale que provea para sus necesidades de todos los días. Pídale protección cuando se siente amenazado o con miedo. Pídale que le muestre las prioridades correctas en cuanto a emplear su tiempo, dinero y energía. Pídale que lo oriente de una manera especial cuando las circunstancias lo demanden.

Asegúrese de haber aprendido la lección que aprendió Grace L. Naessens:

Una mañana me desperté
    y me lancé a los afanes del día.
¡Tanto que hacer!
    ¡No hay tiempo para orar!

Los problemas fueron cayendo,
    y cada nueva tarea se hacía más pesada.
¿Por qué no me ayuda Dios?, pregunté.
    Y Él me respondió: «Porque no me lo pediste».

Quería gozo y belleza,
    pero todo era gris y sombrío.
¿Por qué Dios no me da alegría?, pregunté. Y Él
    me respondió: «Porque no la buscaste».

Así que me acerqué a su puerta
    y probé todas mis llaves en su cerradura.
Y Dios me regañó amorosamente, diciéndome:
    «Hija mía, no llamaste».

Esta mañana me desperté,
    y pensé en el día.
¡Tanto que hacer!
    Así que me tomé tiempo para orar.

CAPÍTULO 2

RESPUESTAS EN ABUNDANCIA

Hace varios años, cuando prediqué acerca de la oración según el texto de Mateo 7, el equipo de drama de nuestra iglesia, que tiene una creatividad superior, se presentó con una forma excelente de poner la mente en lo que Jesús proclama en ese pasaje.

He aquí lo que vimos y oímos aquel domingo:

En escena había una especie de vestíbulo con las paredes llenas de gavetas de archivos. Una pareja entró al vestíbulo, y allí los esperaba un hombre. Por su conversación, nos enteramos de que se trataba del umbral del cielo, y era el propio apóstol Pedro el que estaba invitando a entrar a la pareja.

Después de unos breves comentarios, el hombre le preguntó a Pedro: «¿Para qué son todas esas gavetas de archivos?».

Pedro le explicó que dentro de las gavetas de los archivos había inventarios de todos los dones sin reclamar que Dios había preparado para darles a sus hijos, pero que ellos no le habían pedido. «En una de esas gavetas hay una que lleva tu nombre», le dijo Pedro. «Y en ella están todas las cosas que Dios te quiso dar, pero que tú nunca le pediste».

¡Nunca se me olvidará aquello! Si hubiera gavetas así en el cielo para usted y para mí, ¿estarían llenas? Es posible que entre nosotros haya quienes se sientan perplejos al darse cuenta del impacto potencial de ministerio que habríamos podido tener, y de las bendiciones reales que habríamos podido conocer, solo con habérselas pedido a Dios.

UNAS PROMESAS INCONDICIONALES

Después de decirnos que pidamos, busquemos y llamemos, Jesús hace a continuación, en Mateo 7:8, algunas promesas incondicionales. Observe lo que dice:

«Porque todo aquel que pide…» ¿Cuál es la palabra siguiente? *Recibe*.

«Y el que busca…» ¿Qué dice después? *Halla*.

«Y al que llama, se le…» ¿Qué? *Abrirá*.

¿Ve usted algún tipo de escapatoria en esas promesas? ¿Dice Él allí en alguna parte que Dios responde algunas oraciones, pero no todas? ¿Insinúa el pasaje que si oramos, tal vez Dios nos oiga y tal vez no?

No. La garantía que Dios nos da es esta: Él escucha y responde *todas* las oraciones. Pida y recibirá; busque y hallará; llame y verá cómo se le abre la puerta. Son promesas firmes.

Ahora bien, yo sé que en las Escrituras hay otros pasajes que nos enseñan otras directrices más en cuanto a la oración: cosas como orar según la voluntad de Dios, orar en el nombre de Jesús y orar en el Espíritu. Pero lo cierto es que en este pasaje, Jesús enseña fuertemente la profunda eficacia que tiene el simple hecho de pedir sin cargar este proceso con restricciones de ningún tipo.

La oración ha abierto el camino para la conversión de millones de personas.

En su profundo libro titulado *Con Cristo en la Escuela de Oración,* Andrew Murray lo dice de una manera sencilla y poderosa: «Dios ha dispuesto que la oración tenga una respuesta». Y vemos abundantes evidencias de esto en las páginas de su Palabra.

Fue la oración la que abrió el Mar Rojo.

La oración sacó el agua de la roca e hizo caer el pan del cielo.

La oración hizo que el sol se detuviera.

La oración hizo caer fuego del cielo sobre el sacrificio de Elías.

La oración derrotó ejércitos y sanó enfermos.

La oración resucitó muertos.

Esto siempre ha sido cierto a lo largo de todos los siglos que han seguido a los tiempos bíblicos. La oración ha abierto el camino para la conversión de millones de personas. Dios hace cosas que nosotros creemos imposibles cuando la gente ora.

LAS ORACIONES PEQUEÑAS TAMBIÉN

Y Dios no responde solo las oraciones grandes; también las pequeñas obtienen una respuesta.

Recuerdo la maravillosa historia de una mujer cuya hija se enfermó una mañana en la escuela. Después de recibir una llamada de la escuela, la madre recogió a su pequeña, la llevó a casa, llamó al médico y le describió los síntomas de la niña. El médico le informó que parecía haber una gran cantidad de casos de una enfermedad parecida a la influenza y, que por el número de personas que acudían a él en busca de tratamiento, no iba a poder ver a la niña hasta la tarde. Mientras tanto, le sugirió una medicina que ella podría obtener sin receta para ayudarla.

La madre acostó a su hija y la arropó. Después le dijo que iba a la tienda a comprar la medicina. «Vuelvo dentro de unos minutos», le dijo.

Se apresuró a llegar a la tienda para comprar la medicina, pero cuando volvió al estacionamiento, descubrió que había dejado las llaves dentro del auto. Miró por la ventana y las vio colgando del lugar de encendido. Y el auto estaba cerrado con llave.

Lo primero que le vino a la mente fue usar el teléfono celular y llamar a su hija para explicarle que se iba a demorar. Cuando la llamó, la hija le dijo: «Mamá, consíguete una percha. Yo he visto en la televisión cómo la gente mete la percha por la ventana para quitarle el seguro a la puerta».

La madre volvió a entrar a la tienda y logró conseguir la percha de alambre, aunque tenía sus dudas de que aquello diera resultado. En realidad, se sentía un poco avergonzada, porque no tenía idea de cómo usar la percha para abrir la puerta de su auto. Pero era una mujer de oración, así que al salir de la tienda, levantó el corazón hasta el Padre celestial: «No sé qué hacer, Señor. Tengo las llaves dentro del auto cerrado y mi niña está enferma en casa. Tengo aquí esta percha, pero no sé qué hacer con ella. Por favor, envíame alguien que me ayude».

«No sé qué hacer, Señor».

Cuando estaba terminando de orar, un auto se acercó al bordillo donde ella estaba para dejar salir a un pasajero. El hombre que salió de él debe haber sido la respuesta de Dios, supuso la mujer, aunque no parecía como el tipo de paquete que Dios le enviaría. Tenía un aspecto rudo y llevaba bastante tiempo sin afeitarse. Ella pensó que debía ser alguien sin hogar. Pero le dijo: «Señor, ¿me podría ayudar?».

«¿Cuál es su problema?», le respondió él.

«Cerré el auto con las llaves dentro, y tengo esta percha, pero no sé qué hacer con ella».

«Señora», le dijo él, «¿dónde está su auto?»

Ella lo llevó hasta el auto. El hombre dobló la percha, la metió por la parte superior de la ventana y en un instante tuvo la puerta abierta.

Aquella madre se alegró tanto, que rodeó con sus brazos al rudo sujeto y le dio un abrazo para darle las gracias. «¡Qué hombre tan bueno es usted!», le dijo.

¿Por qué responde Dios cualquiera de nuestras oraciones?

«Señora», yo no soy un hombre bueno. Acabo de salir de la prisión».

Mientras el hombre se alejaba, la madre oró diciendo: «Gracias Señor. Me enviaste un profesional».

POR QUÉ DIOS RESPONDE

¿Por qué respondió Dios la oración de esta mujer de una forma tan clara? ¿Por qué responde cualquiera de nuestras oraciones?

Oswald Chambers, con el agudo estilo que es típico de él, escribió esto en su libro *If You Will Ask*:

> Solo hay una clase de persona que puede orar de verdad, y es el santo semejante a los niños; el hijo de Dios sobrenatural, sencillo y estúpido. I digo a propósito la palabra «estúpido».

No sé usted, pero me parece que eso indica que yo reúno las cualidades necesarias para poder orar. Después de esto,

Chambers dice que es «absurdo» tratar de usar la lógica mental para explicar por qué Dios responde esas oraciones «estúpidas». «Dios responde las oraciones», escribe, «basado en la redención, y en nada más. Nunca olvidemos que Él oye nuestras oraciones, no porque nosotros las hagamos en serio, ni porque suframos, sino porque Jesús sufrió».

Su idea acerca de la redención tiene un gran apoyo en la epístola a los Hebreos, donde se nos recuerda que gracias a «la sangre de Jesucristo», tenemos «libertad» para entrar hasta la presencia de Dios con nuestras oraciones (Hebreos 10:19). El misterio de por qué Dios responde a la oración se halla envuelto por completo en el misterio de por qué nos redimió; al igual que la cruz, señala hacia un amor infinito que se halla muy por encima de toda explicación humana.

El recuerdo de lo que hace Dios

Desde que comencé a llevar un diario, hace ya años, y escribir en él mis peticiones, ha sido emocionante recordar lo que Dios ha hecho en mi vida como respuesta a mis oraciones. Una y otra vez veo cómo Él termina respondiendo peticiones que ya casi había olvidado. Algunas veces, las respuestas son tan concretas que casi me da temor. Me deja perplejo pensar que Dios, el Soberano del universo, haga algo así por mí, sin más razón que el hecho de que se lo he pedido.

El hecho de ver repetirse las respuestas se debe convertir en una de las motivaciones más poderosas para que sigamos orando. Si es como yo, le será fácil pasar por alto o incluso olvidar lo que Dios ha hecho por usted.

Algunas veces, las respuestas son tan concretas, que casi me da temor.

Un año, poco antes de mi cumpleaños, me sentía algo deprimido. Entonces, un día me llegó una tarjeta de cumpleaños de un amigo que es miembro de nuestra iglesia. Hizo algo más que desearme feliz cumpleaños; puso dentro una nota en la cual me recordaba algunas de las bendiciones que yo había experimentado desde el cumpleaños anterior:

> Sanado de una enfermedad terrible, vendiste una casa y compraste otra nueva (algo nada pequeño en estos tiempos difíciles), a uno de tus hijos le fue notablemente bien en el campo de fútbol y ganó un campeonato del condado, una hija se te casó, un programa de radio tuyo creció hasta adquirir grandes proporciones, un hijo y su esposa volvieron a California para vivir en una casa nueva, predicaste unos sermones estupendos varias veces cada domingo ante un inmenso número de personas, dirigiste un sistema escolar lleno de energía (de preescolar a colegio universitario), manejaste un complejo sistema de ministerios

> (desde estudios bíblicos en el hogar hasta misioneros por todo el mundo)… y la lista sigue. Y esto, desde la perspectiva de alguien que solo ve una pequeña parte de lo que está sucediendo, desde su asiento en medio de la congregación.

La lectura de aquello me sacó de mi abatimiento. Sabía que todas las cosas que estaban en aquella larga lista habían sido motivos de oración en el año anterior. Solo le podía dar gracias al Señor por permitirme un año más de vida en la tierra y por ser tan bondadoso y ayudarme en todo lo que Él mismo había realizado en mi vida.

Pida y reciba

R. A. Torrey ha escrito algunos de los mejores libros sobre la oración que se han publicado jamás, pero hubo un tiempo durante el cual su vida de oración no podía ni siquiera despegar. Entonces, llegó el día, escribe él mismo, «en que comprendí lo que significaba la oración verdadera; me di cuenta de que orar consistía en tener una audiencia con Dios; en entrar realmente en su presencia para pedir y recibir cosas de Él».

Esa comprensión transformó su vida de oración:

> Antes de aquello, orar había sido solo un deber, y algunas veces, un deber bastante irritante, pero a partir de

entonces, orar no ha sido solo un deber, sino también un privilegio; uno de los privilegios que tengo en mayor estima en mi vida.

Antes de aquello, lo que pensaba era: «¿Cuánto tiempo debo estar orando?». El pensamiento que me domina ahora es: ¿Cuánto tiempo puedo usar para orar, sin descuidar los demás privilegios y deberes de mi vida?».

A medida que usted vaya adquiriendo una imagen cada vez más profunda de cómo orar significa estar en la presencia de Dios, tanto para pedirle sus bendiciones, como para recibirlas, tengo la esperanza de que usted también comience a considerarlo como uno de los privilegios más altos de su vida.

Capítulo 3

Tanto más

Cuando miro al pasado, veo que algunas de las respuestas de Dios a la oración en mi vida resaltan como si estuvieran escritas en una letra especialmente grande.

He aquí solo una de ellas:

Mi hijo Daniel jugaba zaguero en su equipo de fútbol de la escuela secundaria y había establecido unos cuantos récords en los pases. Un día, cuando aún estaba en el penúltimo año, me preguntó: «Papá, si sigo jugando bien y me ofrecen una beca, pero es una escuela secular y no una escuela cristiana, ¿me vas a dejar ir?».

No lo pensé mucho y le dije: «Hijo, ve donde quieras, que yo sé que vas a estar bien».

Aquello estuvo bien en el penúltimo año. Cuando llegó al último, aún estaba jugando de una manera excelente, los reclutadores lo llamaban y él estaba tratando de decidir qué debía hacer. Comencé a preguntarme si le había respondido de la manera debida a la pregunta que me había hecho el año anterior.

Por medio de una compleja serie de sucesos y de conexiones, Daniel decidió inscribirse como alumno de primer año con una beca de fútbol en la Universidad del Noreste de Luisiana, en Monroe, Luisiana. Cuando supe que hacia allí se dirigía, traté de averiguar más acerca de lo que estaba pasando allí, y qué clase de lugar era aquel. No podía recordar haber conocido siquiera a un cristiano que fuera de Luisiana, y había oído cosas acerca de los Carnavales y demás, así que comencé a preocuparme.

ALGUIEN QUE ME AYUDARA

Si usted leyera en mi diario las cosas que escribí durante aquellos meses anteriores a la ida de Daniel al colegio universitario, vería día tras día mis oraciones para que Dios me ayudara a encontrar en Monroe, Luisiana, alguien que fuera creyente; alguien con el cual Daniel pudiera tener conexiones; alguien que lo pudiera ayudar en su vida de estudiante. Hice esa oración durante meses.

Un día, estaba en mi oficina y sonó el teléfono. Levanté el auricular y la voz que me habló tenía el acento sureño más maravilloso que yo había escuchado. La persona que llamaba se presentó diciendo que se llamaba Richard Giannini, y era el director de atletismo en la Universidad del Noreste de Luisiana. Me dijo que hacía poco había estado jugando golf «con un ministro amigo suyo», que le había preguntado acerca de los nuevos reclutas para el equipo de fútbol. «Yo le dije que acabábamos de reclutar a un jovencito de California llamado Daniel Jeremiah».

A su compañero de golf se le despertó más aun el interés, y le preguntó: «¿Qué hace el padre de ese muchacho?».

«Creo que es ministro», le respondió el director de atletismo. Entonces, su compañero mencionó que sabía quién era yo, y conocía mi ministerio.

«Así que estoy aquí sentado en mi oficina esta mañana», me siguió diciendo el señor Giannini, «pensando: Seguramente que ese hombre de California se estará preguntando si hay alguien aquí que sea cristiano y pueda ayudar a su hijo. Por eso quise llamarlo para que sepa que yo soy creyente. Acabo de regresar de Cumplidores de Promesas. Pertenezco a un par de grupos de responsabilidad mutua aquí en Monroe y asisto a la Primera Iglesia Bautista. Así que dígale a su muchacho que si necesita algo; si necesita alguien con quien hablar o si se siente desanimado, todo lo que tiene que hacer es tocar a mi puerta, y yo le voy a dar una mano».

Entonces añadió: «Dicho sea de paso, el rector de nuestra universidad también es creyente, y su esposa lo escucha a usted por la radio todos los días».

Cuando terminamos nuestra conversación, colgué el teléfono y comencé a llorar. Volví a leer las páginas de mi diario y vi con cuánta frecuencia le había pedido a Dios que hubiera alguien allí en Luisiana que le pudiera dar una mano a mi hijo, y ahora, Él me había dado el director de atletismo y el rector de la universidad.

NO SIEMPRE «SÍ»

Dios siempre responde las oraciones, aunque algunas veces su respuesta no sea precisamente la que nosotros querríamos, o en el momento en que la querríamos. Él siempre responde las oraciones sinceras, pero su respuesta no siempre es un «sí».

Recuerdo que hace algunos años leí este pequeño paradigma escrito por Bill Hybels, y lo escribí en las primeras páginas de mi Biblia. Dice así:

Si la *petición* no es buena, Dios le dice que no.

Si *usted* está equivocado, Dios le dice que crezca.

Si no es el *momento* adecuado, Dios le dice que vaya más despacio.

Pero si la petición es buena, usted no está equivocado y es el momento adecuado, Dios le dice: «¡Adelante!».

En ese paradigma, la parte más difícil para mí no es cuando Dios me responde que no, sino cuando me responde que vaya más despacio. Yo siempre quiero que Él responda mis oraciones *al instante*. Quiero orar y sentir después que cuando me ponga en pie, Dios ya me tenga la respuesta esperando junto a la puerta.

Y Dios algunas veces hace eso, pero muchas otras, nos pone en medio de una tormenta o espera un tiempo, para que nosotros podamos seguir orando, de manera que las alas de nuestra oración crezcan y se hagan más fuertes de lo que habrían sido de no haber orado.

Las respuestas a la oración tienen que producirse dentro del calendario de Dios, y no el nuestro.

Algunas veces, Dios tiene que retrasar la respuesta a nuestra oración hasta que seamos lo suficientemente maduros para recibirla. Si tiene quince años y ora para pedirle una motocicleta, es posible que Él le responda que sí, pero tal vez no en ese momento. Es posible que espere hasta que tenga un poco más de edad, para evitar que salga en la moto y se mate.

Las respuestas a la oración tienen que producirse dentro del calendario de Dios, y no el nuestro. Él nos oye orar, y nos responde de acuerdo a su voluntad y en el momento que Él decida. Pero eso no debe impedir que sigamos orando con insistencia.

AGRADECIDOS POR LAS RESPUESTAS NEGATIVAS

¿Nos da Dios cuanta cosita queremos y le pedimos? No, Él no nos ha prometido hacer eso. Lo que ha prometido es que nos dará las cosas que necesitamos, y solo para hoy. No nos ha prometido satisfacer todas nuestras fantasías. Aunque oremos para pedirle un auto de lujo nuevo, tal vez su voluntad sea que andemos en un auto pequeño y de segunda mano. No hay nada de malo con respecto a ninguno de los dos vehículos; ambos satisfacen nuestra necesidad de tener un medio de transporte. Y satisfacer nuestras necesidades sí es lo que Dios nos ha prometido hacer.

Recuerdo haber leído algo que dijo Ruth Graham, la esposa de Billy Graham. Dijo que si Dios le hubiera dado todo lo que ella le había pedido, se habría casado siete veces con el hombre equivocado.

Tal vez usted también haya vivido el tiempo suficiente (sé que yo sí lo he hecho) para estar agradecido por el hecho de que Dios no haya respondido positivamente a todas sus oraciones. Quizá se tratara de algo que anhelaba profundamente y por lo que oró con todo fervor, pero ahora puede ver que no habría sido lo mejor para usted, así que hay en su corazón un espíritu de gratitud porque la respuesta de Dios en esos momentos fue un «no».

Aun en los casos en que nos equivocamos al pedir, nuestra oración puede hacer que veamos con mayor claridad la voluntad de Dios. He descubierto que muchas veces, Dios tiene que comenzar por cambiarme a *mí* para poder responder mi oración. A veces, no he pensado bien mi oración. Ha habido ocasiones en que he orado para pedir algo, pensando que conocía todos los detalles, cuando en realidad no era así; no estaba ni cerca de conocerlos. Pero a medida que he seguido orando, Dios me ha ayudado a ver que mi punto de vista estaba desviado. Entonces, ha enderezado mis oraciones, les ha dado un buen masaje y las ha refinado, y después me ha respondido. Es como si me estuviera diciendo: «*Así* es como quiero que ores». Y he recibido lo que le estaba pidiendo.

Muchas veces, Dios tiene que comenzar por cambiarme a mí para poder responder mi oración.

Los cambios

Me agrada pensar que cada vez que oramos, somos transformados en algo y de alguna forma. En sí, esa realidad debería bastar para atraernos a la oración si queremos ser semejantes a Dios.

Oswald Chambers (en *If You Will Ask*) llega incluso a decir lo siguiente:

> No es tan cierto eso de que «la oración cambia las cosas», como el hecho de que nos cambia a nosotros, y entonces nosotros mismos cambiamos las cosas... La oración no consiste en alterar las cosas externamente, sino en obrar prodigios en nuestra propia disposición.

Cuando oramos, las cosas siguen siendo iguales, pero nosotros comenzamos a ser distintos.

Esos son los tipos de cambios internos que necesitamos pedir en nuestras oraciones. En su libro *The Possibilities of Prayer*, E. M. Bounds dice que solo por medio de la oración adquirimos la capacidad «de sentir la ley del amor, de hablar de acuerdo con la ley del amor y de hacerlo todo en armonía con la ley del amor… Necesitamos la ayuda de Dios para actuar como hermanos, con sabiduría y nobleza, y para juzgar con verdad y con caridad. La oración es la que nos consigue la ayuda de Dios para hacer todas estas cosas a la manera de Él».

El porqué de las respuestas negativas

Sé que hay cristianos que pasan poco tiempo en oración porque les cuesta creer que vayan a obtener alguna respuesta significativa. Tal vez hayan orado en el pasado por algo que tenía un interés vital para ellos, sin recibir la respuesta que esperaban, así que prácticamente han dejado de orar.

Es fácil identificarlos con lo que escribió J. Oswald Sanders en *Effective Prayer:* «Es fácil volverse fatalista con respecto a la oración. Es más fácil considerar la oración no contestada como voluntad de Dios, que… razonar acerca de las causas de la derrota».

Dios siempre responde las oraciones.

Ahora bien, ¿cuáles podrían ser las causas de esa derrota?

Tal vez una de esas causas sea que nos resulta muy fácil ver las cosas desde nuestro propio punto de vista, en lugar de verlas desde la perspectiva de Dios. En cuanto a ese punto, Oswald Chambers nos da mucho en qué pensar:

> El Señor, en sus enseñanzas acerca de la oración, nunca jamás se refirió a una oración no respondida; dijo que Dios siempre responde las oraciones. Si oramos en el nombre de Jesús; esto es, de acuerdo a su naturaleza, las respuestas no van a estar de acuerdo con la naturaleza nuestra, sino con la suya. Tenemos tendencia a olvidar esto y a decir sin pensar que Dios no responde siempre las oraciones. Él las responde siempre, y cuando nosotros estamos en una comunión estrecha con Él, nos damos cuenta de que no hemos estado descaminados.

Pero, ¿y si cree que está orando sinceramente dentro de la voluntad de Dios por algo en lo que Él se deleita, y sin embargo, no parece haber una respuesta positiva?

Cuando es esa nuestra situación, James Montgomery Boice tiene una sugerencia muy práctica que hacernos en su comentario *The Sermon of the Mount*:

Si está orando para pedir algo, y Dios no está respondiendo a su petición con un «sí», pregúntese qué puede lograr mientras tanto y dedíquese a hacerlo. Eso no significa que Dios no termine dándole lo que le está pidiendo, sino que mientras tanto, usted va a estar haciendo cosas buenas.

¡Excelente consejo!
Y el mejor consejo de todos es este: ¡Siga orando!

CAPÍTULO 4

LA MATRIZ

En su propia aventura de descubrimientos con respecto a la oración, estoy seguro de que ha habido algún momento en medio del camino en el cual se ha preguntado lo mismo que yo:

¿*Por qué* tenemos que orar, si Dios ya sabe lo que necesitamos?

Por supuesto, es cierto que Dios conoce todas nuestras necesidades; el propio Jesús lo afirma. Él menciona esta realidad dos veces en el Sermón del Monte, antes de decirnos que pidamos, busquemos y llamemos: «Vuestro Padre sabe de qué cosas tenéis necesidad, antes que vosotros le pidáis» (Mateo 6:8); «Vuestro Padre celestial sabe que tenéis necesidad de todas estas cosas» (6:32).

Es evidente que Dios conoce nuestra situación y nuestras verdaderas necesidades, e incluso nuestros deseos, mucho mejor de lo que nosotros mismos los conoceremos jamás. Entonces, ¿por qué nos dice que le presentemos nuestras peticiones?

Existen varias razones, según yo creo. Por ejemplo, he descubierto que cuando le puedo hablar a Dios de una necesidad que estoy sintiendo muy dentro del corazón, por difícil y desafiante que sea esa necesidad, adquiero una seguridad renovada de que Él va a obrar a mi favor para satisfacerla. Al mismo tiempo, comienzo a comprender mi propia situación con mayor detalle y con una claridad mucho mayor, y todo porque le presento conscientemente esa necesidad en oración.

El sistema de Dios

Ahora bien, una de las mayores razones por las que Dios nos pide que oremos —y una razón que no podemos evitar— es esta: Las Escrituras insisten en que Dios ha creado el universo con un sistema tal, que Él mismo obra primordialmente por medio de la oración. Dios ha hecho la creación de manera que la forma en que Él hace su labor, es por medio de las oraciones de sus hijos. En el momento que oramos, nos estamos sometiendo a la fuerza más poderosa del universo.

Dios ha creado el universo con un sistema tal, que Él mismo obra primordialmente por medio de la oración.

Y cuando nosotros no oramos, estamos haciendo caso omiso de lo que Él quiere hacer. Cuando no oramos, estamos maniatando a Dios. Esto no lo digo de una manera poco respetuosa, porque Dios puede hacer todo lo que Él quiere. Pero sé, después de estudiar la Palabra de Dios, que Él ha dispuesto los procesos del mundo de una manera tal, que realiza su voluntad por medio de las peticiones que le hacen los suyos.

Cuando nosotros descuidamos la oración, en realidad lo que estamos haciendo es limitar lo que Dios podría hacer en nuestra vida y en la vida de los demás. Tal vez se sienta un poco indeciso en cuanto a aceptar la veracidad de esta afirmación. Pero si no fuera cierta, ¿qué habría querido decir Santiago cuando escribió aquello de: «No tenéis lo que deseáis, porque no pedís» (Santiago 4:2)?

O bien, piense en Pablo: Si él no creía que las oraciones de sus amigos tuvieran poder realmente para cambiar las circunstancias en las que se encontraba, no habría tenido sentido alguno que les escribiera palabras como las siguientes:

> Pero os ruego, hermanos … que me ayudéis orando por mí a Dios.
>
> ROMANOS 15:30

> Porque sé que por vuestra oración … esto resultará en mi liberación.
>
> FILIPENSES 1:19

> Orando … por mí, a fin de que al abrir mi boca me sea dada palabra para dar a conocer con denuedo el misterio del evangelio.
>
> EFESIOS 6:18-19

Orando también al mismo tiempo por nosotros, para que el Señor nos abra puerta para la palabra, a fin de dar a conocer el misterio de Cristo … para que lo manifieste como debo hablar.

COLOSENSES 4:3-4

Por lo demás, hermanos, orad por nosotros, para que la palabra del Señor corra y sea glorificada.

2 TESALONICENSES 3:1

Prepárame también alojamiento; porque espero que por vuestras oraciones os seré concedido.

FILEMÓN 22
(PABLO ESCRIBIÓ ESTAS PALABRAS
ESTANDO AÚN EN PRISIÓN).

Tanto Pablo como los demás apóstoles sabían que Dios podía muy bien retener algunas de las bendiciones que tenía para ellos, si ellos y los demás creyentes descuidaban la oración. Por tanto, oraban y buscaban otros que oraran, no queriendo restringir nunca lo que a Dios le agradaría hacer.

Si queremos recibir todas las bendiciones que Dios tiene para darnos, nosotros también debemos orar. «En la oración», dice Andrew Murray, «es donde las promesas esperan su cumplimiento, el Reino su venida y la gloria de Dios su revelación plena».

Eso es lo que *sus oraciones* pueden convertir en realidad.

Lograr que se hagan las cosas

Se lo voy a repetir una vez más: Dios obra en nuestro mundo primordialmente por medio de la oración. Sin duda, habría podido escoger otro método, pero decidió hacer la mayor parte de su labor por medio de la oración. De ciertas formas que son inexplicables, se ha sometido a sí mismo a las oraciones de los suyos.

Por eso, desde nuestra perspectiva, descubrimos que es la oración la que logra que se hagan las cosas.

Hace algún tiempo recorrí todo el Nuevo Testamento en busca de las cosas que Dios hace en el ministerio que *no son* impulsadas por la oración. ¿Sabe lo que encontré? *Nada.* Todo lo que Dios hace en la obra del ministerio, lo hace por medio de la oración:

Piénselo:

- La oración es nuestra forma de derrotar al diablo (Lucas 22:32; Santiago 4:7).
- La oración es nuestra forma de ayudar a salvar a las almas perdidas (Lucas 18:13).
- La oración es nuestra forma de adquirir sabiduría (Santiago 1:5).

- La oración es la forma en que un creyente apartado recibe la restauración (Santiago 5:16-20).
- La oración es la forma en que son fortalecidos los santos (Judas 1:20; Mateo 26:41).
- La oración es la forma en que enviamos obreros al campo de misiones (Mateo 9:38).
- La oración es nuestra forma de curar a los enfermos (Santiago 5:13-15).
- La oración es la forma en que logramos lo imposible (Marcos 11:23-24).

Todo lo que hacemos, que vale la pena hacer; todo cuando Dios quiere hacer en la iglesia; todo cuando Dios quiere hacer en su vida; todo esto Él lo ha sometido a una sola cosa: la oración.

Lo que desata la acción

Esto era cierto también en el libro de los Hechos. Este libro es una especie de manual de oración. Dondequiera que vamos, encontramos a los discípulos orando y, como consecuencia, suceden cosas extraordinarias. La oración desata la actuación de Dios.

Lo vemos desde el primer capítulo, en el cual los primeros creyentes se reunieron en un aposento alto, y «todos estos perseveraban unánimes en oración y ruego» (1:14). Esos fueron los cimientos de la iglesia: todo comenzó con la oración. Después llegó el día de Pentecostés, en el cual descendió sobre ellos el Espíritu Santo, predicó Pedro y se les unieron tres mil nuevos creyentes.

A partir de ese momento, todos estos nuevos cristianos «perseveraban … en las oraciones» (2:42). Cuando se acaloraron las hostilidades en su contra, «alzaron unánimes la voz a Dios» (4:24). La respuesta de Dios fue rápida y asombrosa: «Cuando hubieron orado, el lugar en que estaban congregados tembló; y todos fueron llenos del Espíritu Santo, y hablaban con denuedo la palabra de Dios» (4:31).

Una iglesia no puede ser poderosa, si en ella no hay oración.

Los apóstoles le dieron a la oración una prioridad máxima («Y nosotros persistiremos en la oración», 6:4). Vemos orar a la iglesia cuando se escogían los diáconos y los ancianos (6:5-6, 14:23) y cuando se enviaba a los misioneros (13:3). Y los vemos orar cuando se enfrentaban a necesidades urgentes, como cuando Pablo fue encarcelado (12:5, 12).

En aquellos primeros días no existía eso de una iglesia poderosa sin oración… de la misma forma que en nuestros días nunca va a existir una iglesia poderosa en la cual no haya oración. «Bueno», dirán algunos, «pero estamos hablando de los tiempos del Antiguo Testamento, y nosotros nos hallamos más allá de todo eso». Sin embargo, si rastrea la vida de la iglesia de Jesucristo desde hace dos mil años hasta el presente, va a descubrir en su historia que todos los grandes avivamientos y momentos en que la Iglesia ha despertado, han sido alimentados por el poder de la oración.

EL MISTERIO DE LA MATRIZ

Así son las cosas. Dios ha hecho que ciertas cosas dependan de la oración; son cosas que nunca se harán, a menos que nosotros oremos. ¿Podría Dios hacer lo que Él quiera sin necesidad de nuestra oración? Claro que sí. Pero Él ha decidido que va a usar las oraciones de los suyos para realizar sus propósitos de salvación y redención en esta tierra, y su propósito de acarrearle gloria a su nombre para toda la eternidad.

Cuando Jesús nos dice en Mateo 7 que pidamos, busquemos y llamemos, no es la primera vez que habla de la oración dentro del Sermón del Monte. Anteriormente (en Mateo 6:5-8), nos había enseñado a no orar en público con el deseo de impresionar a los demás y que no oremos con «vanas repeticiones» de palabras para impresionar a Dios (Él no quiere recibir de nosotros solo palabras; quiere una comunicación verdadera). Después de esto, Jesús nos da un bosquejo de lo que debe contener la oración (Mateo 6:9-13). A ese bosquejo le solemos llamar el Padre Nuestro. Y en él vemos algo más del misterio sobre la matriz de la oración:

El Dios que ha dejado bien aclarado en las páginas de la Biblia que Él tiene el control de todos los detalles dentro de este universo y que promete que va a reinar durante toda la eternidad, es el que nos pide que oremos diciendo: «Venga tu reino. Hágase tu voluntad, como en el cielo, así también en la tierra» (Mateo 6:10).

El Dios que ha prometido amorosamente a lo largo de toda la Biblia que va a ser nuestro fiel Padre y Proveedor, es el mismo que nos pide que oremos a diario diciendo: «El pan nuestro de cada día, dánoslo hoy» (6:11).

El Dios que nos ha dado el don inapreciable del perdón por medio de la muerte de su Hijo, es el que con todo, nos pide que oremos diciendo: «Y perdónanos nuestras deudas, como también nosotros perdonamos a nuestros deudores» (6:12).

En obediencia a las leyes espirituales de este universo, nosotros oramos.

El Dios que es nuestro Buen Pastor, y que nos promete guiarnos por sendas de justicia; el que se ha comprometido a protegernos del poder de Satanás y no permitir que seamos tentados más allá de lo que podamos soportar, nos pide con todo que oremos diciendo: «Y no nos metas en tentación, mas líbranos del mal» (6:13).

Y así, en obediencia a sus órdenes y a las leyes espirituales de este universo, nosotros oramos. Y cuando oramos, ciertamente el Reino, el poder y la gloria son suyos por siempre.

SU MEJOR LABOR

«La oración lo es todo», escribió Oswald Chambers. En todo lo que está sucediendo en este mundo para Dios, la oración se encuentra siempre en el centro crítico mismo.

Andrew Murray parecía comprender esto tan bien como el que más, según se evidencia en su obra *With Christ in the School of Prayer*. Esto es lo que dice acerca de la oración: «Los poderes del mundo eterno han sido puestos a su disposición». Describe la oración como «la sustancia misma de la religión verdadera, el canal de todas las bendiciones, el secreto del poder y de la vida». Murray vio en Mateo 7:7-8 los mandatos y las promesas de Jesús relacionados con la oración y los llamó «la inconmovible ley eterna del Reino». Después añadió: «Aunque en sus comienzos la oración sea tan sencilla que hasta el más frágil de los niños puede orar, al mismo tiempo es la labor más elevada y santa hasta la cual se puede alzar un ser humano».

Usted puede afectar realmente lo que está sucediendo en todo este mundo, a base de orar.

La oración es lo más grande y mejor que usted pueda hacer jamás para Dios. «La oración no nos capacita para las obras mayores», escribe Oswald Chambers; «la oración *es* la mayor de las obras». Murray habla de la oración, diciendo que es «la parte más elevada de la labor que nos ha sido encomendada; la raíz y la fortaleza de todas las demás labores».

Usted puede dedicar su vida a un ministerio de oración, y tocar así al mundo. Puede ir a África, a la China o a la India, a Rusia, al Oriente Medio, a América del Sur; a cualquier parte, acudiendo en oración ante el trono de Dios por esos hombres y mujeres que sirven a la obra del Reino en todos esos lugares. Puede afectar verdaderamente lo que está sucediendo en todo este mundo, a base de orar. Pero tiene que orar.

Escuchemos de nuevo a Andrew Murray: «Cristo abrió la escuela de la oración en especial con el fin de preparar intercesores para la gran obra de hacer descender, por medio de su fe y su oración, las bendiciones de su obra y amor en el mundo que nos rodea».

Nos debería dejar sin respiración el darnos cuenta de que nuestro Dios todopoderoso nos invita a tener una participación tan inmensa en la obra de hacer que llegue su Reino y permanezca por toda la eternidad.

CAPÍTULO 5

EL INTERCAMBIO DE AMOR

A principios de la década de los sesenta, los estadounidenses se sentían cautivados por unas fotografías en las que se veía a los hijos pequeños del presidente Kennedy entreteniéndose con sus juguetes sobre el suelo alfombrado de la Oficina Oval. Dudo que se les permitiera a otros niños la entrada a la oficina del presidente de los Estados Unidos, pero a John, hijo, y a Caroline sí les estaba permitida. Y aunque el hombre que estaba detrás de aquel escritorio era el presidente de la nación, y el líder del mundo libre, aquellos pequeños que jugaban a sus pies se limitaban a llamarlo «papá».

Así son las cosas entre Dios y nosotros. Él es el Soberano omnipotente, maravilloso y santo del universo, y el Señor de la gloria, pero también es nuestro Padre. En la oración, podemos llegar con toda tranquilidad ante la presencia de un Dios tan santo, tan poderoso y tan lleno de majestad, porque somos sus hijos muy amados.

Cuando mis propios hijos eran pequeños, todo el mundo entendía que si alguna vez llegaban durante la semana a mi oficina de la iglesia, siempre podían entrar a verme. No importaba cuándo llegaran, ni con quién yo estuviera. Cuando mi secretaria me llamaba por el intercomunicador para decirme que uno de mis hijos me quería ver, me excusaba y salía a recibirlo. Aunque no podía hacer eso por todos, porque habría sido un caos, sí lo podía hacer por mi hijo o por mi hija. Al fin y al cabo, hay unos lazos especiales entre nosotros. ¡Yo soy su padre! Ellos pueden entrar a mi vida en el momento que lo deseen.

En la cruz, Jesús le abrió el camino para que Dios lo adoptara y lo hiciera miembro de su familia. Esos lazos especiales existen, y siempre existirán. Por haber puesto su fe en el Dios omnipotente, ahora usted puede entrar en su presencia cada vez que lo desee, y Él lo va a recibir, para escuchar cuanto le quiera decir.

SIEMPRE EL PRIMERO DE LA FILA

Esto es cierto con respecto a todos los hijos de Dios, y no solo unos pocos.

¿Recuerda lo que dijo Jesús en Mateo 7:8? «Porque todo aquel que pide, recibe; y el que busca, halla; y al que llama, se le abrirá». Mientras piensa, permítame que le pida que subraye una pequeña palabra de este texto: la palabra *todo*. Deje que salte de la página a sus ojos. El ardiente deseo que tiene Dios de responder nuestras oraciones es una amplia promesa que incluye a todos los cristianos.

Cuando se trata de escuchar a sus hijos, los oídos de Dios no tienen nada de selectivos. Usted nunca va a estar por detrás de Billy Graham en cuanto a que sus oraciones sean oídas y contestadas. Nadie se encuentra delante de usted en la fila, ni tampoco se encuentra en el medio de la fila, ni mucho menos al final. Usted siempre es el primero de la fila. Nuestro Padre omnipotente escucha a *todos* los hijos suyos que acuden a Él en oración. La palabra *todo* se refiere a todos, y esto nos incluye a usted y a mí. Dios oye sus oraciones, y oye también las mías.

Nadie se encuentra delante de usted en la fila.

Tal vez piense: *Pero es que yo no soy un cristiano de los mejores. No he hecho todo lo que sé que debería hacer, así que tengo mis dudas de que Dios me quiera oír en estos momentos.* Ahora bien, si piensa así, está negando la Palabra de Dios, porque Él nos dice que todo el que pida va a ser escuchado.

De nuevo la matriz

He aquí algo más para que lo medite, con respecto a la «matriz de la oración» que vimos anteriormente. La oración se encuentra incluida dentro de la forma en que funciona el universo, porque el universo funciona a base de una *relación*: nuestra relación personal con Dios. Eso lo define todo. Es la realidad máxima. Y no hay nada que demuestre más que tenemos una relación con Dios, que la oración.

Pensemos de nuevo en ese bosquejo de oración que Jesús nos enseñó en el Padre Nuestro, y en la forma en que manifiesta la importancia de esta relación:

Padre nuestro que estás en los cielos: Aquí vemos la relación de padre a hijo, y también la relación de Superior a subordinado.

Santificado sea tu nombre: La relación entre la Deidad y el adorador.

Venga tu reino: La relación entre Soberano y súbdito.

Hágase tu voluntad: La relación entre Amo y siervo.

El pan nuestro de cada día, dánoslo hoy: La relación entre Benefactor y beneficiario.

Y perdónanos nuestras deudas: La relación entre Salvador y pecador.

Y no nos metas en tentación: La relación entre Guía y peregrino, o entre Líder y seguidor.

Mas líbranos del mal: La relación entre Guardián y dependiente.

Porque tuyo es el reino, y el poder, y la gloria: La relación entre Creador y criatura.

Debemos hacer notar y expresar todos los aspectos de nuestra rica y polifacética relación con Dios por medio de nuestras palabras de oración y de alabanza dirigidas a Él. Así es como funciona el universo.

¿PIEDRAS O PANES? ¿PESCADOS O SERPIENTES?

Para que podamos captar realmente este aspecto de la oración que tiene que ver con nuestras relaciones, Jesús nos da en Mateo 7 una interesante ilustración, después de ordenarnos que pidamos, busquemos y llamemos:

> ¿Qué hombre hay de vosotros, que si su hijo le pide pan, le dará una piedra? ¿O si le pide un pescado, le dará una serpiente?
>
> MATEO 7:9-10

En Palestina hay muchas piedras que tienen una forma y un color parecidos a las pequeñas hogazas redondas de pan que se solían cocer en aquellos tiempos. Era un parecido que a todo el mundo le era fácil de apreciar, sobre todo si había hambre. (Como cuando Jesús estaba ayunando en el desierto, y Satanás lo tentó con estas palabras: «Si eres Hijo de Dios, di que estas piedras se conviertan en pan», Mateo 4:3).

Cuando Jesús estaba predicando sobre la oración en el Sermón del Monte, es muy posible que hubiera muchas de esas piedras redondas semejantes a hogazas esparcidas por el terreno donde la multitud estaba sentada escuchándolo. Así fue como Él les pidió a sus oyentes que pensaran si entre ellos habría algún padre que le diera una piedra a su hijo, si este le pedía pan. La respuesta era obvia para todos: Por supuesto que no.

Desde la ladera de la colina donde Jesús estaba predicando, se veía el mar de Galilea, donde todos los días los pescadores echaban sus redes y el pescado era un alimento corriente para todas las personas que estaban escuchándolo en aquel día. Algunas veces, cuando los pescadores sacaban sus redes, había en ellas serpientes de agua mezcladas con los pescados. Tal vez Jesús estuviera pensando en esto al preguntarles a sus oyentes si alguno de los padres que estaban allí le ofrecería una serpiente a su hijo cuando este le pidiera pescado. Una vez más, la respuesta obvia era que no.

Buenas dádivas

Entonces, Jesús concretó más su idea:

> Pues si vosotros, siendo malos, sabéis dar buenas dádivas a vuestros hijos, ¿cuánto más vuestro Padre que está en los cielos dará buenas cosas a los que le pidan?
>
> MATEO 7:11

Ninguno de nosotros se acerca siquiera a Dios en bondad. Estamos terriblemente llenos de defectos, y distamos mucho de la perfección. Es más, comparados con la pureza y con el amor y la bondad infinitos de Dios, somos malvados. Sin embargo, ni siquiera nosotros en nuestra pecaminosidad pensaríamos ni por un momento en sustituir el pan por piedras, o el pescado por serpientes cuando nuestros hijos nos piden comida. (Supongo que sí habrá gente desquiciada que es capaz de hacer algo así, pero ninguno de los padres que yo conozco lo haría). Queremos hacer las cosas lo mejor que podamos para nuestros hijos; si ellos nos piden algo, y es razonable, y nos parece bueno para ellos, les concedemos lo que nos piden. Así es como piensan hoy los padres, y así es como pensaban también los padres en los tiempos de Jesús.

Queremos hacer las cosas lo mejor que podamos para nuestros hijos.

Él contaba con que se produjera una reacción así entre sus oyentes. Así que lanzó de manera directa la lección que quería que aprendieran: ¿Cómo se les puede ocurrir que su Padre celestial quiera hacer por ustedes menos de lo que quieren hacer por sus hijos los padres humanos? ¡Por supuesto que va a hacer tanto como ellos por nosotros, y mucho más también! Él les da a quienes le piden, y les da «buenas dádivas».

Esta ilustración de Jesús estaba cuidadosamente pensada para convencernos de que Dios anhela responder las oraciones de sus amados hijos. Y está esperando que usted y yo comprendamos por fin que Él está dispuesto a darles buenas cosas a sus hijos. Nuestro Padre está esperando para que le dirijamos nuestras oraciones, a fin de poder actuar a favor nuestro.

CONÓZCALO MEJOR

¿Por qué no les va mejor a nuestras iglesias? ¿Por qué a veces en nuestros hogares se producen unos desastres tan terribles? Yo creo que todo esto se debe a que no le pedimos a Dios con suficiente frecuencia que nos ayude. Y tal vez la razón por la que no se lo estamos pidiendo sea sencillamente, que no buscamos como deberíamos el sostener una relación con Él.

«Hay una correlación directa entre no conocer bien a Jesús y no pedirle gran cosa», escribe John Piper. «Por lo general, los fracasos en nuestra vida de oración son fallos en el conocimiento de Jesús».

Sin embargo, las cosas no tienen por qué ser así.

«La oración tiene de bueno», dice Oswald Chambers, «que nos lleva a conocer a Dios». También nos recuerda: «Donde único podemos descansar es en Dios, y la única forma de llegar a Dios es por la oración».

«En la oración y en su respuesta es donde se produce el intercambio de amor entre el Padre y su hijo», nos dice Andrew Murray. Y añade: «A la oración es a la que Dios le ha dado el derecho de asirse de Él y de su fortaleza».

¿Acaso no es hora de asirnos más de Dios y de su fortaleza? Y la forma en que sucede esto, es a base de orar más.

Capítulo 6

La declaración de dependencia

Hace ya años, en un tiempo en que necesitaba salirme un poco de un calendario de actividades demasiado lleno, mi familia hizo un rápido viaje al lago Arrowhead, en los montes de San Bernardino, en el sur de California. Fue un tiempo de recuperación maravilloso, y muy refrescante. Por alguna razón, cuando uno va a las montañas se le aclara la mente, y mientras andaba caminando por allí aquel fin de semana, pensé muchas cosas.

Quizá por vez primera comprendí por qué es tan crítico desarrollar una relación fuerte y profunda con Jesucristo. Me di cuenta de que no hay otra relación en la tierra que pueda satisfacer nuestras necesidades decisivas. Eso no es culpa nuestra, ni de nadie. Sencillamente, así es como fuimos creados. Tal vez pensemos que es injusto, pero así es la vida. Es una parte de esa matriz que estamos descubriendo.

En aquella ocasión, mientras caminaba alrededor del lago Arrowhead, escribí algo. Aquí está: «Jesucristo es el mismo ayer, y hoy, y por los siglos». Si ponemos nuestras esperanzas en algo que no sea Él, y le dedicamos a eso nuestra vida, podemos estar seguros de que terminaremos defraudados. Pero si ponemos nuestras esperanzas en Jesucristo, y le dedicamos a Él nuestra vida, al final hallaremos mucha más realización y unas bendiciones mucho mayores que cuanto nos habríamos podido imaginar.

A GRANDES PROBLEMAS, GRANDES SOLUCIONES

Algunas veces nos podemos llegar a sentir sumamente abrumados y desalentados con las necesidades tan urgentes y las dificultades por las que pasamos en nuestra vida. ¿Será acaso que una de las razones por las que tenemos grandes problemas es porque Dios nos quiere mostrar grandes soluciones? Él anhela mostrarnos las riquezas de su gracia y la pobreza de nuestros propios recursos. La oración está pensada de manera exclusiva para demostrarnos ambas verdades.

Una de las razones por las que tenemos grandes problemas es porque Dios nos quiere mostrar grandes soluciones.

Por eso Dios nos anima con estas palabras: «Acerquémonos, pues, confiadamente al trono de la gracia, para alcanzar misericordia y hallar gracia para el oportuno socorro» (Hebreos 4:16).

Las oraciones y nuestros tiempos de necesidad siempre van juntos.

ACORRALADO

Cuando tuve que batallar contra el cáncer, la lección que aprendí y se me grabó con mayor fuerza fue esta: *Descubrí que sin Dios, estaba desamparado.* Aprendí a orar movido por la desesperación.

En *Fresh Wind, Fresh Fire*, Jim Cymbala dice algo con lo que me puedo identificar fácilmente: «En realidad, no se puede enseñar a orar por medio de principios, seminarios y simposios. Es algo que tiene que nacer de todo un ambiente en el que se siente la necesidad. Si yo digo: "Tengo el *deber* de orar", pronto se me va a acabar la motivación, y voy a dejar de hacerlo; la carne es demasiado fuerte. Tengo que sentirme *empujado* a orar».

Se afirma que estas palabras fueron dichas por el predicador escocés Andrew Bonard hace siglo y medio: «A Dios le gusta ver a los suyos encerrados en esta situación: Que no tengan más esperanza que en la oración».

Por lo menos al principio, casi siempre la oración seria es movida por una necesidad urgente de este tipo. No oramos porque tenemos que orar; oramos porque no nos queda otro recurso. Me parece que a Dios le gusta ver a los suyos acudir a Él en su desespero para entregarse a su misericordia. Solo entonces reconocemos la realidad tal cual es.

SIGA LLAMANDO A LA ENFERMERA

Un día reconocí al fin con una claridad especial por qué me era tan difícil orar, y ese día escribí esto en mi Biblia: «La oración es mi Declaración de Dependencia». Para una persona activa, de tipo A, como yo, la oración es algo difícil, porque va en contra de nuestros frenéticos esfuerzos por demostrar que somos autosuficientes, independientes y fuertes. Con la oración, tengo que admitir que soy espiritualmente impotente.

La oración va en contra de nuestros frenéticos esfuerzos por demostrar que somos autosuficientes.

John Piper, en *Desiring God*, dice que la oración es «el antídoto para la enfermedad de la seguridad puesta en sí mismo». Después señala una reveladora diferencia entre el Tío Sam y Jesucristo: «El Tío Sam no lo recluta para su ejército, a menos que usted esté sano; en cambio, Jesús no lo recluta a menos que esté enfermo». Es tal como Jesús dijo: «Los sanos no tienen necesidad de médico, sino los enfermos. No he venido a llamar a justos, sino a pecadores» (Marcos 2:17).

Después de esto, Piper hace la observación de que «fundamentalmente, el cristianismo es una convalecencia ("Orad sin cesar" = Siga llamando a la enfermera)».

Mi lucha contra el cáncer me enseñó mucho acerca de eso de «llamar a la enfermera». Los temores y la desesperación que me obligaron a caer de rodillas me enseñaron a clamar a

Dios como nunca antes. Y, ¿sabe una cosa? ¡Dios me escuchó! Me liberó de todos mis temores. Y sé que eso mismo es lo que quiere hacer con usted.

ESA ES LA VERDAD

Nos convertimos en hombres y mujeres de oración cuando reconocemos la urgencia de nuestras necesidades. Nuestra cultura enseña que no necesitamos a Dios, porque nosotros mismos somos dios. La oración es un puñal clavado en el centro mismo de esa idea. Dios nos dice que dependemos de Él, y no lo dice solo para enseñorearse sobre nosotros, sino que está diciendo la verdad. O bien la aceptamos por fe, o tendremos que aprender esta lección a las duras, a través de las dificultades de la vida.

Un día escribí en mi diario lo que sigue:

> Estoy escribiendo estas oraciones, porque mi mente divaga con gran facilidad y se desvía de su proceso lógico cuando oro de otra forma. Quiero dedicar mi tiempo de oración a resolver las cosas contigo, y creo que estoy aprendiendo a hacerlo; al menos en cierta medida. Me doy cuenta más que nunca antes, de que este tiempo es más importante que el que uso para preparar los sermones, o incluso el que uso para predicarlos. Si no resuelvo las cosas contigo, estaré condenado al fracaso, la frustración y el agotamiento.

He aprendido, y estoy aprendiendo, que en la vida cristiana no hay victoria ni gozo reales, a menos que haya también una sensación de dependencia total con respecto a Dios. Y esa sensación de dependencia es lo que hace que la oración cobre vida.

Piénselo: cuando Jesús caminó sobre esta tierra como Dios y hombre, vivió como un hombre dependiente de su Padre, dándonos ejemplo sobre la forma en que debemos vivir. Y si Jesucristo, con todo su poder y toda su perfección, hizo de la oración una prioridad en su propia vida, entonces ¿qué lugar debe ocupar en su vida y en la mía?

Sobre todo, lo más básico

Dependemos de Dios para todo, por supuesto: la respiración, la vida, la compañía, el apoyo emocional, la dirección espiritual, la visión, la esperanza… Tal como les dijo Pablo a los filósofos de Atenas, Dios le da a cada cual «vida y aliento y todas las cosas» (Hechos 17:25).

Y, para ayudarnos a recordar todo esto, Jesús nos enseñó a centrar nuestra oración en nuestra dependencia de Dios con respecto a la satisfacción diaria de nuestras necesidades materiales: «El pan nuestro de cada día, dánoslo hoy» (Mateo 6:11).

Cuando Jesús nos dijo que oremos de esa forma, tenía en mente sobre todo las necesidades físicas de la vida representadas por el pan. La única razón por la que no nos morimos de hambre todos, es que Dios es bueno y nos procura el alimento que necesitamos.

En Mateo 4:4, Jesús respondió a una de las tentaciones del diablo en el desierto, citando Deuteronomio 8:3, y diciendo: «No solo de pan vivirá el hombre, sino de toda palabra que sale de la boca de Dios».

En este versículo hay algo más que la sencilla verdad de que las cosas espirituales son más importantes que las materiales. El pan mismo no tendría valor alguno para nosotros si el Creador no se lo hubiera dado.

¿Por qué satisface el pan las necesidades del cuerpo humano? ¿Cómo es eso de que las plantas que crecen en el suelo tienen la capacidad de proporcionarnos fortaleza? ¿Cómo nos pueden ayudar a crecer? Esto solo es posible por medio de la palabra que sale de la boca de Dios. Él habla, y el grano recibe sus propiedades nutritivas. Si Dios le retirara su palabra, el pan se volvería algo inútil para nosotros; lo mismo daría que comiéramos grava.

Si Dios le retirara su palabra, el pan se volvería algo inútil para nosotros.

Lo que nos sostiene es la palabra misma de Dios. Hebreos 1:3 nos dice que Cristo es quien «sustenta todas las cosas con la palabra de su poder». Y Pablo nos dice que «todas las cosas en él subsisten» (Colosenses 1:17). No hay nada más básico para la satisfacción de nuestras necesidades elementales que la Palabra de Dios.

SOBRE, DENTRO Y ENCIMA

¿Cuáles son nuestras necesidades básicas? Esencialmente, necesitamos algo que poner sobre nuestro cuerpo, algo que poner dentro de nuestro cuerpo y algo que poner encima de nuestro cuerpo. Dios nos dice que se va a encargar de estas tres cosas que necesitamos si nosotros confiamos en Él. Y, como parte de esa confianza en Él, quiere que le pidamos esas cosas todos los días.

Quiere que le pidamos nuestro pan de cada día, no porque nos quiera oír suplicándole, sino porque sabe que nuestra memoria es breve, y muchas veces se nos olvida que Él es el que satisface todas nuestras necesidades. La oración diaria por el pan nos ayuda a combatir nuestro orgullo y materialismo.

George Mueller sabía lo que era pedir el pan, y pudo ver a Dios proporcionárselo una y otra vez de maneras asombrosas. Yo estimo en mucho las palabras que escribió como respuesta a la fidelidad de Dios (tal como aparecen en su biografía escrita por A. T. Pierson):

> Yo creo que Dios responde a la oración;
> responde siempre y en todas partes.

Así puedo poner mis ansias y preocupaciones,
unas cargas que yo mismo nunca podría llevar,
sobre el Dios que oye la oración.
Mi alma no tiene por qué desesperar
nunca, puesto que Él me ofrece
que me atreva en mi osadía a acudir
al lugar secreto, para demostrar allí
que Él responde a la oración.

SIN VAGUEDADES; CONCRETAMENTE

Todo el tiempo hablo con cristianos que se hallan en medio de fuertes pruebas. Algunas veces les pregunto: «¿Le ha pedido alguna vez a Dios sin vaguedades, concretamente, mencionando los detalles de la situación, que lo ayude y lo libere?». Muchas veces admiten que han estado orando de manera general, y no específica. Pero si uno está en la guarida de un león, necesita orar acerca de ese león; y si está en medio de un fuego, necesita orar acerca de las llamas.

Tal vez esté pasando ahora mismo por algunas luchas determinadas en su vida; algo que le exige y lo incomoda mucho, y se pregunta cómo va a cuidar Dios de usted.

Pero si en estos momentos no se está enfrentando a ninguna prueba, permítame por lo menos preguntarle esto: ¿Qué necesita más que ninguna otra cosa en este momento de su vida?

Menciónelo.

Ahora… permítame hacerle una directa. ¿Se lo ha pedido a Dios? ¿Se lo ha pedido *de verdad*?

Y si está pasando por momentos de serias pruebas, ¿le ha pedido a Dios que le proporcione exactamente lo que necesita para salir adelante? ¿Ha orado para pedirle que lo libere? Pídale que haga por usted lo que hizo por tantos en la Biblia. ¡Dios sigue liberando! Él es el mismo ayer, y hoy y por siempre.

Si usted está en medio de un fuego, necesita orar acerca de las llamas.

Tal vez usted necesite ser liberado del temor. Algunas veces, de repente y sin saber de dónde procede, un espíritu de temor me aprieta el corazón y tengo que dejar todo lo que estoy haciendo, salir de mi oficina e irme a un lugar que conozco junto a un lago. Allí le hablo a Dios acerca de mi temor y le pido que me libere de él.

¿Tiene algún temor en estos momentos? ¿Le ha pedido a Dios que se lo quite y le dé su paz y la fortaleza que viene de saber que Él está presente?

Puede decir algo como esto: «Dios mío, no puedo con esta situación. No puedo hacerle frente. Pero tú sí. Te ruego que extiendas tu mano, me ayudes y me liberes». Entonces, dígale todo lo que necesita.

No hay enfermedad que Dios no pueda curar. No hay problema que Dios no pueda resolver. No hay desafío que Dios no pueda vencer. No hay déficit monetario que Dios no pueda superar. No hay ser humano alguno que pueda echar por tierra los propósitos de Dios. No hay comité alguno que pueda frustrar la obra de Dios en la iglesia de Jesucristo.

Por eso, en oración ante su trono, haga hoy su declaración de dependencia… Hoy, y todos los días.

CAPÍTULO 7

CÓMO ORAR

Con un Dios así esperando escucharnos, y con un privilegio tan grande como es la oración a nuestra disposición para acercarnos a Él y obtener todas sus buenas dádivas, ¿por qué no le pedimos más?

El primer culpable es el enemigo de nuestras almas, quien quiere impedir que desarrollemos una relación que él sabe que nos va a dar gozo y satisfacción. Y me atrevería a adivinar que la principal estrategia de ese enemigo para impedir que oremos es sencillamente usar las cosas que nos ocupan en la vida. ¿Con cuánta frecuencia ha pensado usted: *De veras que quiero orar, pero por alguna razón, nunca llego a hacerlo*?

Jesús también era un hombre muy ocupado, pero buscaba el tiempo para orar. En Marcos 1:21-34 aparece un día especialmente ocupado en la vida del Señor. Era día de reposo, y Jesús estaba en la ciudad de Capernaúm. Enseñó en su sinagoga, dejando asombrados a sus oyentes por la autoridad de sus enseñanzas. Allí había un hombre que tenía un espíritu inmundo, y Él lo sanó, asombrando más aun a la multitud. Cuando salió de la sinagoga, se fue a la casa de Simón y Andrés, donde la suegra de Simón estaba en cama con fiebre. La sanó, y después de esto, ella se levantó y se puso a servirles.

Después de la caída del sol, «toda la ciudad» se agolpó a la puerta de aquella casa, trayendo a «todos los que tenían enfermedades, y a los endemoniados». Jesús se pasó toda aquella noche sanando y echando fuera demonios.

Había sido un día entero en ese tipo de ministerio intenso y sin pausa que causa una fatiga increíble, tanto en la mente como en el cuerpo. Después de un día tan agotador como aquel, la mayoría de nosotros queríamos por lo menos descansar bien toda la noche. Sin embargo, vea lo que hizo Jesús a la mañana siguiente: «Levantándose muy de mañana, siendo aún muy oscuro, salió y se fue a un lugar desierto, y allí oraba» (Marcos 1:35).

Tal vez usted piense: *Sí, pero ese era Jesús*. Él es el Hijo de Dios; por supuesto que podía hacer algo así. En cambio, yo solo soy una persona común y corriente. Así como no habría podido sanar a toda esa gente la noche anterior, tampoco me habría podido levantar antes del amanecer para orar en una mañana así. Jesús sí lo podía hacer; yo no puedo.

A lo mejor desearíamos seguir el ejemplo del Maestro, pero nos parece imposible. En realidad, algunas veces es la simple supervivencia la mayor historia de éxito a la que nos atrevemos a aspirar. Sentimos que no tenemos la fortaleza necesaria para orar como lo hizo Jesús; nos parece que estamos demasiado necesitados.

Sin embargo, eso mismo es lo que más nos cualifica para orar: nuestra debilidad, nuestra necesidad, nuestra dependencia, nuestro desvalimiento.

Eso mismo es lo que más nos cualifica para orar: nuestro desvalimiento.

«La oración ha sido dispuesta solo para los desvalidos», escribe Ole Hallesby en su libro *Prayer*. «La oración y el desvalimiento son inseparables. Solo los desvalidos pueden orar de verdad». Y añade lo siguiente: «Su desvalimiento es su mejor oración».

Esa tiene que ser nuestra primera lección en cuanto a cómo orar: permita sencillamente que su desvalimiento lo guíe.

A continuación le presento un resumen de las demás lecciones de importancia que he aprendido.

ORE DE MANERA CONCRETA

Jesús quiere que oremos por cosas concretas. En este texto de Mateo 7 utilizó el pan y el pescado para enseñarles a sus oyentes acerca de la oración. Usó las necesidades comunes y corrientes de su vida.

Cuando oramos, debemos hacerlo de manera específica. Pídale a Dios concretamente lo que quiere; de una manera lo suficientemente concreta para que cuando Él responda su petición, usted se dé cuenta, y lo alabe y le dé gracias por haberlo hecho.

No debemos convertir nunca la oración en una especie de juego ilusorio sin relación alguna con las verdaderas necesidades a las que nos enfrentamos. ¿Con cuánta frecuencia no hemos orado por los demás, o por nosotros mismos, diciendo algo como esto: «Señor, sé con ellos de una manera especial»? Pero en realidad, ¿qué le estamos pidiendo? Imagínese que usted es padre, y está dejando a sus hijos con una niñera nueva. ¿Le diría a esa niñera: «Katie, le pido que esté con mis hijos ahora de una manera especial»? No, usted le diría: «Los niños necesitan cenar, después bañarse y que les lea una historia de la Biblia antes de irse a acostar, y están cansados, porque ha sido un día muy largo, así que asegúrese de que estén ya acostados a las nueve de la noche». Le diría muy concretamente lo que necesita. Lo mismo debe hacer con la oración.

No debemos convertir nunca la oración en una especie de juego ilusorio.

ORE DE MANERA PERSONAL

Hay quienes piensan que la oración es una actividad casi exclusivamente corporativa. Si necesitan oración, llaman a la iglesia y piden que todos se pongan a orar por ellos. Es bueno hacer esto, pero la oración corporativa solo vale lo que vale la oración personal.

La oración es algo personal.

Para pedir como debemos, hace falta una medida regular de silencio ante Dios, apartados y en soledad. Esa es una cuestión con la que a veces tengo que batallar.

En Marcos 1, después que Jesús se levantó antes del amanecer para irse solo a orar, sus discípulos fueron a buscarlo. «Todos te buscan», le dijeron cuando lo encontraron (Marcos 1:37). Me puedo identificar con esa situación hasta cierto punto; claro que a mí no me anda buscando todo el mundo, y tampoco me están buscando por las mismas razones por las que buscaban a Jesús, pero siento la presión, y estoy seguro de que usted la siente a veces también. Y el principio que aprendemos gracias a este incidente en la vida de Jesús, es tan válido para nosotros como lo fue para Él: Si Jesús, el Hijo de Dios, puso en práctica la disciplina y la decisión de alejarse de las multitudes para poder estar a solas con el Padre y orar, nosotros también debemos hacer lo mismo.

Ore con sinceridad

Eugene Peterson, en la introducción a los Salmos que escribió para *The Message*, dice que, a causa de nuestra inexperiencia en la oración, «damos por sentado que debe existir una especie de lenguaje "exclusivo" que debemos adquirir antes que Dios tome en serio nuestra oración. No lo hay. La oración es un lenguaje elemental, no avanzado. Es el medio por el cual nuestro lenguaje se vuelve sincero, veraz y personal como respuesta a Dios. Es el medio por el cual sacamos al descubierto ante Dios todo lo que existe en nuestra vida».

Dios no quiere que cambiemos en la oración nuestro tono de voz, haciéndolo más solemne.

Dios quiere que nos acerquemos a Él de manera íntegra, franca y sincera. La oración tiene como tema las preocupaciones del mundo real, presentadas en el lenguaje del mundo real. Dios no quiere que cambiemos en la oración nuestro tono de voz, haciéndolo más solemne, para dirigirnos a Él.

Cuando leemos los Salmos, vemos que David nunca trató de ocultar sus sentimientos acerca de las cosas cuando hablaba con Dios. Cuando clamaba a Él, le hablaba con franqueza y sinceridad. Algunas veces, apenas podemos creer que le haya dicho semejantes cosas.

APRENDA DE LOS DEMÁS

Durante mis largos meses de lucha con mi enfermedad, no solo oraba con mayor urgencia, sino que también devoraba las palabras de otros santos que habían comenzado antes que yo su propia aventura en la oración. Sus poderosas percepciones me daban ánimo y me fortalecían. Copiaba en mi diario las citas que me ayudaban de manera especial

Eso hizo que comenzara la práctica de leer cada día un capítulo o una sección corta de un libro sobre la oración. Tengo que admitir que he practicado esto durante años en mi propia vida de devoción. La oración se me hace tan difícil que siempre estoy en el proceso de leer un libro sobre ese tema. Es posible que haya leído ya un centenar de libros sobre la oración. Y aún sigo batallando con ella, pero sé lo que se debe hacer.

Básicamente, solo orando se aprende a orar, pero hay muchos libros que le pueden dar ánimo, y se lo van a dar, en esta disciplina.

ORE CON PERSEVERANCIA

Por último, recuerde que debe seguir pidiendo, debe seguir buscando y debe seguir llamando. Ore con perseverancia.

Aprendí muchas cosas con mis profesores del seminario. Mi favorito de todos los tiempos era Howard Hendricks, cabeza del departamento bajo el cual yo hacía mis estudios. Es un gran comunicador y un gran hombre de Dios. Un día entró al aula y anunció en medio de lágrimas: Caballeros, les quiero decir algo. Mi padre, que tiene setenta años, recibió a Jesucristo como Salvador. Tal vez esto no tenga importancia para ustedes, hasta que les diga que durante cuarenta años he orado todos los días por su salvación. Y después de cuarenta años, al fin Dios dice que sí».

No en balde Jesús nos dijo que debemos «orar siempre, y no desmayar» (Lucas 18:1).

Vale la pena orar. Y vale la pena no desmayar.

Dos relatos

En Lucas 11 y Lucas 18, Jesús les dijo a sus discípulos dos parábolas con el propósito específico de enseñarnos a no desmayar en nuestra vida de oración. Es evidente que Él considera que tenemos una posibilidad muy real de descorazonarnos cuando oramos; igualmente obvio es que considera que la oración es demasiado importante para que dejemos que desaparezca a causa de nuestro desaliento.

Tal vez en estos mismos momentos usted se sienta desalentado con respecto a la oración: sigue tratando de orar, pero no puede hacerlo con constancia. Es posible que se sienta desalentado porque hay algo por lo que ora todos los días, y Dios aún no ha respondido a su petición. Yo también he batallado con el desaliento en la oración. Creo que todo cristiano que sea sincero confesará haber pasado por períodos de desánimo en la oración; momentos en los cuales tal parece que Dios estuviera durmiendo, o se hubiera ido de vacaciones. Esa es la razón por la que Jesús hizo estos dos relatos.

En ambas parábolas, el factor motivador es el mismo: la sensación de una urgente necesidad. ¿Recuerda estos relatos?

En el primero (Lucas 11:5-8), un hombre recibe inesperadamente a un visitante en su casa. Pero es ya tarde en la noche, y no tiene comida para atender a su huésped después de su largo viaje. Así que el decidido anfitrión se va a media noche a tocar en la puerta de su amigo para pedirle pan, aunque el amigo y toda su familia están ya durmiendo y su casa está totalmente cerrada. ¿Conseguirá el anfitrión el pan que busca? Sí, dice Jesús; lo conseguirá, no por amistad, sino sencillamente por lo persistente que ha sido en tocar a la puerta.

Al orar, nos comprometemos con Él.

En la otra parábola (Lucas 18:1-8), una viuda se mantiene compareciendo ante un juez para pedirle que le haga justicia (probablemente en algo monetario) de su adversario. ¿Conseguirá la viuda la justicia que busca? Sí, dice Jesús; la conseguirá, no por la integridad y la compasión del juez (porque este juez era «injusto» y «no temía a Dios, ni respetaba al hombre»), sino sencillamente porque se ha llegado a cansar de las insistentes súplicas de la mujer.

¿Cuál es la lección para nosotros?

Jesús nos la dice: Tenemos «necesidad de orar siempre, y no desmayar» (Lucas 18:1), porque podemos tener la seguridad de que Dios «hará justicia a sus escogidos, que claman a él día y noche», e incluso lo hará «pronto» (Lucas 18:7-8).

Un punto principal de estos dos relatos es la *constancia* en la oración. Jesús nos estaba enseñando que, observemos lo que observemos exteriormente, sin que nos importe lo que parecemos estar recibiendo de acuerdo con nuestras percepciones sensoriales, la verdad fundamental de nuestra vida cristiana está envuelta en la oración que dirigimos a Dios. Al orar, nos comprometemos con Él, y aunque no podamos ver lo que está haciendo, sí sabemos que está haciendo algo, y no querremos hacer que aborte ese proceso, dejando de orar. No perderemos las esperanzas; no nos desanimaremos; seguiremos orando.

UNA ORACIÓN QUE DA RESULTADO

En Colosenses 4:12, Pablo les habla a los colosenses acerca de Epafras, su admirable amigo. Les dice que Epafras «siempre rogando encarecidamente por vosotros en sus oraciones». Hay una traducción que dice que Epafras «siempre estaba batallando en oración». Su vida de oración tenía la misma intensidad y el mismo esfuerzo que un encuentro de lucha libre. Luchaba con Dios, como lo había hecho Jacob una noche, mucho antes de los tiempos de Pablo (Génesis 32:22-32).

Me pregunto si esa clase de lenguaje describe lo que va a ser nuestra vida de oración en los próximos días. ¿Va a tener la intensidad y el esfuerzo totales de una competencia atlética? ¿Va a ser persistente? ¿Nos vamos a asegurar de que nuestra oración es concreta, personal y sincera?

Con el fin de ayudarle a responder afirmativamente todas estas preguntas, hay una cosa práctica más que quiero decirle acerca de la oración.

Dios no quiere que cambiemos en la oración nuestro tono de voz, haciéndolo más solemne.

Capítulo 8

Para que conste

Siendo yo niño aún, mi tío Clifford vino a vivir con nosotros durante un tiempo. Clifford era un hombree callado que había tenido que enfrentarse a muchas situaciones difíciles en la vida. Pero era un piadoso santo, y años antes de venir a vivir con nosotros, había comenzado a escribir un diario. Aún lo recuerdo sacando su diario de siete años después de la cena y preguntándonos si sabíamos lo que había sucedido en una fecha determinada en alguno de los siete años anteriores. Sin duda, la mayoría de los pequeños bostezábamos, mientras complacíamos a nuestro tío, escuchándolo leer los breves párrafos de su diario.

Recuerdo que pensaba en lo extraño que era que alguien dedicara un tiempo a escribir lo que sucedía cada día, y más tarde acudir a consultarlo. ¿Para qué servía todo aquello?

Aquel fue mi primer encuentro con la costumbre de llevar un diario. A medida que fueron pasando los años, se fue solidificando mi convicción de que los hombres muy hombres no escriben diarios; los diarios eran sobre todo para las mujeres y los místicos, y yo no era ninguna de las dos cosas.

DISMINUIR LA VELOCIDAD

Entonces, mi manera de pensar comenzó a cambiar. Hace algunos años, leí algo que escribió Bill Hybels en *Too Busy Not to Pray* acerca de cómo llevar un diario lo ayudaba a llevar una calma y un control mayores al comienzo de su día:

> Por las mañanas, tengo un alto nivel de energía. Estoy ansioso por llegar a la oficina para comenzar el trabajo del día. Y una vez que comienza a correr la adrenalina, el teléfono comienza a sonar, la gente comienza a llegar, me es fácil mantenerme a diez mil revoluciones por minuto hasta que me desplomo por la noche. Por eso decidí comenzar a llevar un diario... Lo asombroso es lo que les sucede a mis revoluciones por minuto cuando escribo. Cuando llego al final de un largo párrafo donde recojo lo sucedido en el día anterior, ya no tengo la mente puesta en mis responsabilidades. Estoy sintonizado con lo que estoy haciendo y pensando, y la velocidad de mi motor se ha reducido a la mitad.

Lo descrito por Bill acerca de su vida era exactamente lo que yo esperaba. Muchas veces tenía que luchar en cuanto a tomarme un tiempo al principio del día para centrarme en Dios y escucharlo. Todo lo que me venía a la mente era la larga lista de cosas por hacer que me esperaba. ¿Acaso estaría Bill en lo cierto con respecto al poder del diario para disminuir la velocidad de uno al comenzar el día?

En 1994, mientras me recuperaba de una operación de cáncer, recibí un ejemplar del libro *The Life God Blesses*, por Gordon MacDonald. Como estaba confinado a un reclinable por unos cuantos días, lo comencé a leer… y no lo pude soltar. Desde que tengo memoria, siempre había querido que Dios bendijera mi vida, y mi lucha con el cáncer había llevado ese anhelo a un nivel totalmente nuevo.

En su libro, Gordon describe su disciplina personal de llevar un diario, y menciona que lo hace en su computadora. Por alguna extraña razón, aquello me interesó. Ese mismo día comencé a guardar el historial de las relaciones entre Dios y yo, usando mi computadora.

Desde entonces, he estado llevando un diario. No quiero decir con eso que nunca me pierda un día, pero me he comprometido con esta disciplina lo suficiente para que cada vez que no escribo, no dejo que eso me robe el gozo de volverlo a hacer tan pronto como me sea posible.

Para no apartarse del camino

Más que ninguna otra cosa, esta práctica de llevar un diario me ha recordado que mi caminar con Dios es una experiencia diaria que se puede poner por escrito y medir. No solo me ayuda a centrarme en mi vida de oración, sino que también es una manera eficaz de sentirme responsable ante el calendario de actividades que tiene Dios para mi vida.

Este diario es mucho más que un simple diario. Es un relato día tras día de nuestro progreso espiritual al caminar con Dios, y es especialmente valioso cuando incluye muchas de las oraciones que hacemos y nuestro registro de la forma en que Dios nos ha respondido.

Mi caminar con Dios es una experiencia diaria que se puede poner por escrito y medir.

Debo admitir que la primera vez que me senté ante la computadora y comencé a escribir mis oraciones, me sentí como si estuviera dirigiendo esas oraciones a la computadora. Pero pronto se me pasó aquella sensación, y comencé a darme cuenta de lo beneficioso que era que hubiera precisión en mi conversación con el Señor. Aquello era una gran ayuda para alguien como yo, porque me cuesta trabajo no apartarme del camino cuando estoy orando.

Una vez más, Bill Hybels me ayudó a profundizar en esto. «Una buena forma de aprender a orar de manera concreta», escribe en *Too Busy Not to Pray*, «es escribir las oraciones y después leérselas a Dios... Eso me obliga a ser concreto; las generalidades amplias no se ven bien en el papel. Impide que mi mente divague. Y me ayuda a ver cuándo responde Dios mis oraciones».

PARA TOMAR IMPULSO

Cuando nos tomamos el tiempo necesario (tal como yo sigo aprendiendo aún a hacer) para escribir algunas de nuestras oraciones descubrimos aspectos débiles que necesitan un fortalecimiento y esquemas de pecado o de necedad que necesitan corrección. También podemos descubrir buenos esquemas de conducta que vale la pena fortalecer y alentar.

Cada vez que veo lo que he dejado escrito en mi diario, hay una cosa que he observado, y es lo constante que soy a veces en pedirle a Dios algo en lo cual soy yo quien necesito asumir la responsabilidad. Me he sorprendido de la frecuencia con la que le he pedido a Él la misma cosa. La constancia en pedir no tiene nada de malo, pero es casi como si oyera que Él me dice cuando leo esos párrafos: «David, ¿por qué mejor no tomas el control de tu vida y te enfrentas a esas cosas?».

En más de una ocasión me han brotado las lágrimas mientras leía mis oraciones en algún registro anterior, y después la anotación sobre la respuesta de Dios en otro registro posterior. ¡Era cierto que Dios me había escuchado! ¡Era cierto que había respondido mi oración!

También he reconocido que aún me falta mucho por crecer en el arte de la intercesión. He comenzado bien, pero aún me queda mucho camino por recorrer.

Por eso, como última sugerencia en este libro, lo animo a que lleve un diario para que lo ayude a responder ante la vida con sinceridad, a reflexionar sobre el sentido de sus experiencias y a que las peticiones que le haga a Dios sean concretas.

Así va a ver el progreso de su peregrinar espiritual; eso lo ayudará a recuperar el impulso cada vez que lo pierda. Y más que ninguna otra cosa, se sentirá animado a ser fiel en la oración: a pedir y seguir pidiendo, a buscar y seguir buscando, y a llamar y seguir llamando.

Amén.